MONSEIGNEUR
HENRI VALLEAU

MONSEIGNEUR

HENRI VALLEAU

ÉVÊQUE DE QUIMPER ET LÉON

NOTICE

SAINTES

Mme Z. MORTREUIL, LIBRAIRE

RUE ESCHASSERIAUX

QUIMPER

SALAUN ET Cie

RUE KÉRÉON, 56

QUIMPER

R. LE GALL

QUAI DU STÉIR, 10

1893

C'était le 30 novembre dernier. L'évêque de La Rochelle et Saintes, Mgr Étienne Ardin, archevêque de Sens depuis le 11 juillet, consacrait à Saintes la gracieuse chapelle du Carmel, dont il avait, le 26 avril précédent, béni la maison et où il avait installé les religieuses. Les carmélites avaient quitté le bâtiment de la rue Sainte-Colombe, ce trou humide et sombre où l'abbé Joseph Briand les avait appelées en 1853 (1). Le vieux Carmel se renouvelait : CARMELVS NOVVS ANTIQVVS, comme on lisait à La Rochelle.

(1) *L'église de Sainte-Colombe à Saintes*, par M. Charles Dangibeaud, page 10.

Des voix généreuses s'étaient fait entendre : « Venez, mes sœurs ; laissez ces lieux étroits, abandonnez la ville, quittez le pied du coteau ; allez dans la campagne, sur la hauteur, en pleine lumière, dans un vaste enclos où vous n'aurez à craindre ni les bruits de la rue, ni les regards indiscrets. » Et, le 25 mars 1891, sur le plateau qui domine la ville, on avait commencé à bâtir un vaste édifice d'après les règles liturgiques, sous l'habile direction d'un architecte savant, M. Rullier.

Après la cérémonie fort belle, où avait assisté une trentaine d'ecclésiastiques, M. l'abbé Jean, supérieur de l'institution Notre-Dame de La Pinellerie, recevait à sa table l'évêque et ses invités : parmi eux, M. le baron Amédée Oudet, maire d'Écurat, et M. l'abbé Valleau, archiprêtre de Saint-Pierre, dont la nomination au siège de Quimper et Léon (décret du 26 novembre) avait réjoui sa paroisse et la ville.

Au dessert, M. Jean porte un toast à l'archevêque, et M. Oudet à M. Valleau :

« Monseigneur, dit-il, lorsqu'il y a environ quinze ans, si j'ai bonne mémoire, j'accompagnais d'Ecurat à Champagne, pour l'aider à s'installer dans sa nouvelle résidence, le digne ecclésiastique qui allait vous succéder dans cette dernière paroisse (1), et comme je vantais, de mon mieux et en toute sincérité d'ailleurs, les mérites et les vertus très réelles de mon ancien curé et ami aux maire, conseillers municipaux ou notables habitants de la commune de Champagne, ces braves gens, nullement enclins à l'enthousiasme, à l'admiration inconsidérée, me répondaient : « Tout cela, monsieur, c'est très bien ; mais nous savons qui nous perdons et nous ne savons pas qui nous avons. Si le nouveau curé ressemble à M. Valleau, cela ira bien ; mais nous ne pouvons guère espérer qu'il nous remplacera M. Valleau ; enfin, que voulez-vous ? un homme comme M. Valleau ne pouvait pas rester toujours à Champagne. »

---

(1) M. Langevin, curé d'Ecurat, nommé à Champagne en septembre 1878. Il est, depuis 1891, aumônier de la Providence à Rochefort.

Le langage des judicieux habitants de Champagne était, trois ou quatre ans après, je crois, le langage des habitants de Bourcefranc ; il fut celui de la ville de Pons ; c'est aujourd'hui le langage des habitants de la paroisse de Saint-Pierre et de toute la ville de Saintes. »

Les quelques pages qui suivent ne sont que le développement de ce fragment de toast, et pour ainsi dire les preuves à l'appui de cet éloge. On n'y trouvera ni événements émouvants, ni faits éclatants qui attirent la curiosité et fixent l'attention ; c'est le récit simple et modeste d'une vie modeste et simple, tout entière consacrée au devoir, d'une existence passée jusqu'ici dans les obscurs, mais méritoires travaux du ministère paroissial. On n'y rencontrera pas non plus ces louanges banales qu'on prodigue un peu dans la biographie des hommes vivants. Le simple exposé des faits est le seul panégyrique qui nous paraisse convenable, et le nouvel évêque n'aura pas à s'en plaindre.

I

Victor-Félix-*Henri* Valleau est né dans une île de l'océan, l'île de Ré, qui a joué un rôle important dans l'histoire, célèbre surtout par le siège de la citadelle de Saint-Martin, la descente des Anglais avec Buckingham en 1628, la bataille où le futur maréchal de Toiras repoussa les ennemis, prélude du fameux siège de La Rochelle. C'est dans une commune de 1.500 habitants du canton d'Ars, à La Couarde, qu'il vit le jour, le 17 novembre 1835 (1). Sa famille était toute rétaise : son grand-père, Henry Valleau, époux de Françoise Vangangel, fut chirurgien à Sainte-Marie, et même chirurgien en chef

(1) L'acte de naissance est signé du maire de La Couarde, officier de l'état civil, Pierre-Victor de Rochas, chirurgien. Il était fils de Joseph-Dominique de Rochas, écuyer, avocat en la cour du parlement de Grenoble, et de Marie-Luce Nicolas de Gril.

dans les armées de la Vendée ; son arrière-grand-père, médecin à Saint-Martin ; un oncle, Emile-Henry Valleau, pharmacien à Saint-Martin ; un grand-oncle, Gabriel-Auguste Plaideau, négociant à Sainte-Marie. Son père, Denys-Henry Valleau, brigadier des douanes, né le 5 février 1799 à La Flotte, avait épousé, à Sainte-Marie, le 26 novembre 1820, Marie-Élisabeth Plaideau, née le 12 octobre 1798, à La Flotte, d'Etienne-Mathieu Plaideau et de Marie-Elisabeth Neuiller (1).

Deux mois après sa naissance, le père fut envoyé sur le continent, à Moëze, sur la route de Rochefort à Marennes, en plein marais. Il y passa deux ans. Puis il fallut aller à La Rochelle et revenir dans l'île de Ré, cette fois à Saint-Clément des Baleines.

Henri Valleau commença ses études latines chez le curé de Rouffiac, Louis-René Jégu, que ses parents avaient connu (1836-1838) vicaire à Ars en Ré. Jégu, mort le 24 décembre 1885 curé de Thézac, où il était depuis 1864, a laissé chez tous ses élèves le souvenir d'un homme instruit, bon quoique un peu excentrique. Aussi lui ont-ils dressé un monument

---

(1) Vieille famille de Saint-Martin de Ré, dit M. Théodore Phelippot. Elle a produit : un officier de la légion d'honneur, gouverneur de Péronne ; deux présidents au tribunal de commerce de l'île de Ré ; un maire de la commune du Bois en Ré. Un Neuiller a laissé à l'évêché de Luçon une partie de sa fortune, 300,000 francs environ.

dans le cimetière de Thézac (1); et dévoués à leur maître, ils étaient si unis entre eux que les condisciples de M. Valleau sous Jégu ont voulu être des premiers à rappeler ces liens d'amitié : ils lui ont offert son anneau pastoral.

En 1849, il entrait à l'institution diocésaine de Pons, qui était alors sous la direction de Boudinet, mort évêque d'Amiens. Il y eut pour professeurs de philosophie, d'abord Denis-Benjamin Hude, grand humaniste, poète aimable, homme d'esprit, orateur original (2), qui fut nommé supérieur au milieu de l'année, et celui qui fut son prédécesseur à Saint-Pierre de Saintes, M. Birot, depuis curé de Saint-Nicolas de La Rochelle, qui faisait son cours « avec cette clarté, cet atticisme littéraire qui caractérise son style et sa parole ». Celui qui occupait la chaire de rhétorique était M. Boutiron, aujourd'hui supérieur de la maison de Tivoli à Bordeaux. C'est à Pons qu'il connut et eut pendant deux ans pour camarade M. Frédéric Fallières, au sacre duquel il assistait, le 25 février 1890, dans cette même maison de Pons, et qu'il va retrouver en Bretagne évêque de Saint-Brieuc.

---

(1) Jégu, né en 1808 à La Selle-Craonnaise (Mayenne), diocèse de Laval, fut curé de Rouffiac de 1838 à 1844. Sa tombe porte ces mots : VIR ZELATOR ET AMATOR CRUCIS.

(2) Voir *Œuvres poétiques* de M. Hude (1885).

Ses études classiques faites, et bien faites, il se présenta en 1856 devant la faculté des lettres de Poitiers, séant à La Rochelle; il s'y faisait recevoir bachelier en même temps que M. Louis de Richemond, aujourd'hui archiviste de la Charente-Inférieure. C'était alors une nouveauté qu'un candidat ecclésiastique prenant ses grades universitaires.

Après le petit séminaire de Pons, le grand séminaire de La Rochelle (1857-1861). Il s'y lia avec M. Fulbert Petit, depuis vicaire général de La Rochelle, aujourd'hui évêque du Puy en Velay. Il alla (1859) à Poitiers prendre le grade de bachelier en théologie, à cette école qu'avait fondée l'évêque de Poitiers. Il argumenta avec le futur cardinal Pie sur la révélation et mérita un nouveau diplôme. Il fut fait prêtre à l'ordination de la Trinité, le 25 mai 1861, par l'évêque de La Rochelle Landriot, mort archevêque de Reims. Sa première messe, il la dit à La Rochelle, dans la chapelle des sœurs de Saint-Vincent, mettant ainsi le premier acte de sa vie sacerdotale sous les auspices de l'humble apôtre de la charité.

II

Ses succès dans ses classes et aux examens, ses diplômes le désignaient pour l'enseignement. Il fut nommé professeur au collège ecclésiastique à Pons ; il revenait donc comme maître dans cet établissement qui l'avait vu élève. Les souvenirs laissés par le condisciple studieux et intelligent, ne nuisirent pas à l'influence et aux succès du maître.

Il resta là trois ans, faisant la cinquième, la quatrième et le cours de français et de latin préparatoire à l'examen du baccalauréat aux élèves de sciences en seconde et en rhétorique. C'était l'époque désastreuse pour les études où florissait la bifurcation. Les enfants, réunis ou plutôt amalgamés avec des élèves de deux ou trois cours, changeaient, chaque jour de la semaine, de maîtres aux systèmes variés et de camarades différents de culture intellectuelle. Il y avait de quoi dégoûter le professeur, et c'est ce qui eut lieu.

M. Valleau eut pour collègue M. Justin-Emile Combes, brillant professeur de rhétorique, qui prit alors le bonnet de docteur avec deux thèses : *La querelle de saint Bernard et d'Abélard* et *La psychologie de saint Thomas d'Aquin.* Il a quitté depuis la carrière un peu ingrate de l'enseignement, surtout dans une institution ecclésiastique. Il étudia la médecine, fut docteur de la faculté de Paris et revint exercer à Pons. La politique l'a fait conseiller général et sénateur. Mais les bonnes relations du collège ne s'oublièrent pas; et quand M. Valleau fut nommé curé de Pons, le maire fit à son ancien collègue la gracieuseté de rétablir le traitement des vicaires qui avait été supprimé.

Le professorat n'était qu'un stage pour lui comme pour un certain nombre de jeunes prêtres, qui commencent là avec des enfants l'apprentissage de la conduite des hommes, ces grands enfants. Sa santé d'ailleurs ne lui permettait pas d'en faire sa carrière. Le ministère paroissial était sa vraie vocation. Il fut nommé, en septembre 1864, vicaire à Saint-Eutrope, la plus célèbre paroisse du diocèse à cause du tombeau qui contient le corps entier du 1er évêque de Saintes, martyr au premier siècle; ce n'est pas la plus riche de la ville. C'était dans un faubourg de *Mediolanum Santonum*, la grande ville gallo-romaine, parmi des ouvriers, tanneurs et corroyeurs, jardiniers et maçons, charpentiers et couvreurs, qu'Eutrope, envoyé par le pape saint Clément, avait fixé sa demeure, et répandu d'abord les semences de la foi.

Là aussi débutait le prêtre qui devait être évêque comme lui et le successeur de saint Corentin.

Le curé (1862-1870) était M. Louis-Frédéric-Eugène Bodin, de Saint-Jean d'Angély. Il le seconda dans son zèle. Alors eurent lieu des travaux de restauration à l'église haute, ancienne église des bénédictins, et des réparations à l'église basse, ancienne église paroissiale. Une cloche avait été fondue en 1863. Six des douze niches du sanctuaire furent ornées de leurs statues. Cette décoration fut achevée par les Lazaristes que l'évêque de La Rochelle, le futur cardinal Thomas, y appela en 1871, garde sacrée du tombeau d'Eutrope, confiée aux bénédictins de Cluny depuis l'an 1081, interrompue en 1790 par la révolution, supprimée en 1891 au grand détriment des âmes et aux regrets unanimes de la population.

Le vicaire s'ingénia avec son curé à étendre, à propager la dévotion au patron de la paroisse et du diocèse : on fit des images, on grava des médailles du saint, on photographia son tombeau. Mais il ne borna pas là sa tâche. Il avait à sa disposition quelques débris d'archives, quelques pièces échappées au bûcher de la place des Cordeliers qui, le 10 août 1793, avait dévoré et les archives des bénédictins et celles des jacobins et du collège, des autres communautés religieuses et de l'évêché, dont pas une ligne n'a été sauvée. Un petit sac en toile contenant surtout les authentiques de saint Eutrope avait été soustrait aux flammes par Lacoste (1). C'est là que M. Valleau puisa des notes pour rédiger divers articles qui parurent dans le *Bulletin religieux* : t. Ier, p. 385, *Pèlerinages et miracles au tombeau de saint Eutrope ;* p. 497, *Les processions du saint martyr Eutrope de la ville de Saintes ;* t. II, p. 211, *Le clocher de Saint-Eutrope*; p. 539, *De quelques sanctuaires dédiés à saint Eutrope* ; t. III, p. 178, 188, *Translation du corps du bienheureux saint Eutrope*. Il fit plus : il rédigea une vie du saint; mais l'abbé Théodore Grasilier avait commencé la biographie des saints du diocèse : saint Eutrope y devait avoir sa place; l'auteur ne voulut pas devancer l'hagiographe quasi-officiel et le manuscrit est inédit. On voit assez quelle était l'activité du jeune vicaire.

Saint-Pierre en l'île d'Oleron fut le second vicariat de M. Valleau. Il y fut envoyé, le 22 décembre 1866. La paroisse (5.000 âmes), de plus grande importance que celle de Saint-Eutrope, avait pour curé M. Bardon, depuis (octobre 1874) archiprêtre de Saint-Jean d'Angély. Ses six mois de séjour dans l'île ne lui permirent pas de grands travaux, et ne furent marqués que par la bénédiction de la première pierre du piédestal de la croix qui s'élève au village

(1) Voir, p. 111, dans *Saint Eutrope et son prieuré*, le procès verbal du brûlement des archives de Saintes et le récit du sauvetage des papiers de Saint-Eutrope.

de La Cotinière. Mais l'archéologue, l'historien ne perdait pas ses droits. L'île d'Oleron a son histoire comme l'île de Ré. Le château de Bonnemie, encore possédé par les descendants d'une vieille et noble famille, les Leberthon, gardait les restes d'un chartrier. Le vicaire y puisa, comme il avait fait à Saint-Eutrope. Il publia donc ses *Études historiques et religieuses sur l'île d'Oleron* (*Bulletin religieux*, t. IV, p. 197, 217, 235; 29 octobre, 9 et 16 novembre 1867), où il s'occupait surtout de l'histoire religieuse. Son trop court séjour dans l'île ne lui laissa pas le loisir de plus longues courses à travers le passé ; il aurait sans doute consacré quelques heures aux autres paroisses, Le Château, Saint-Trojan, Saint-Denis.

De Saint-Pierre d'Oleron il passa, le 25 septembre 1867, à Saint-Louis de Rochefort. Rochefort a 30.000 âmes et seulement deux paroisses, dont l'une, Notre-Dame, l'antique paroisse, comprend le faubourg seulement. Il devenait un des quatre vicaires de Remy Roul, prêtre éminent, qui avait l'estime de tous et une grande influence dans la ville. En même temps, il succédait comme aumônier du collège à M. l'abbé Carot, devenu (octobre 1871) aumônier du lycée de La Rochelle. Il trouvait là comme principal M. Rousset, qu'il avait connu à Saintes à la tête du collège et qui est aujourd'hui conseiller d'arrondissement. Là, comme ailleurs, il sut se faire aimer des élèves et estimer des fidèles.

III

Il y avait dix ans que M. Valleau était prêtre et sept ans vicaire ; il avait montré ses qualités. C'était une préparation suffisante au ministère pastoral. En septembre 1871, il fut nommé curé de Champagne, canton de Saint-Aignan, à 4 kilomètres de Pont-Labé. De là il pouvait apercevoir la flèche de Moëze, où il avait passé plusieurs années de son enfance. Il y arriva la veille de la Toussaint. C'était une nouvelle paroisse (500 âmes). En 1790, le curé Jean Lafont-Duclaud, originaire de Périgueux, desservant depuis 1783, avait juré, s'était marié avec une servante de la famille Le Gardeur de Tilly, de La Salle, et fait marchand au bourg même. Depuis cette époque, Champagne était restée sans pasteur. En 1810, on l'avait faite annexe de Pont-Labé ; plus tard, elle fut réunie à Saint-Jean d'Angle, puis revint à Pont-Labé ; elle avait été récemment érigée en succursale.

Il y avait beaucoup à faire : restauration morale,

restauration matérielle. Il bâtit le presbytère ; il répara l'église, élégant monument de l'art roman, fort apprécié des connaisseurs, surtout depuis que son curé l'a fait connaître. Quant au bien qu'il fit, nous n'avons pour le savoir qu'à lire ce que pensaient ses paroissiens à son départ (Voir plus haut, page 7).

C'était aussi un champ neuf pour les explorations historiques. Qui donc s'était occupé de ces obscures paroisses, dont beaucoup ont maintenant disparu, qui n'existent plus que de nom dans quelques villages ? Cet amour des humbles, le curé de Champagne semble l'avoir voué aux hameaux et aux bourgs qui n'ont ni gloire, ni célébrité, pas même une notoriété à quelques kilomètres. Il étudia les alentours de sa paroisse, Les Lauriers, Les Épaux, Beaugeay, Malaigre ; j'en passe, ce ne sont pas les plus illustres.

Il commença par publier dans le *Recueil de la commission des arts et monuments de la Charente-Inférieure*, t. II, p. 315, une note très sommaire sur les archives de Saint-Fort, Saint-Jean d'Angle, Champagne, Saint-Symphorien et Broue. Il y reproduisait, sans se douter certainement qu'un jour le fait mentionné se réaliserait pour lui, ces lignes de Bonnomeau, curé de Saint-Jean d'Angle (1er novembre 1763), qui, ayant relaté la mort de l'évêque de Saintes, Simon-Pierre de Lacoré, ajoutait : « L'abbé de La Chataigneraye, aumônier chez le roi, eut son brevet de nomination. Cela allongea bien le nez à nos..... qui s'attendaient à cette place. » Puis il développa ce programme dans une série d'articles du *Bulletin religieux*. A Champagne (t. x, 350, n° du 24 janvier 1874), il constate un cimetière gaulois et par-dessus un cimetière gallo-romain ; de nombreux caveaux dans l'église feraient supposer une population plus grande que celle d'aujourd'hui. En 1079, Guillaume Friedland donna à l'abbaye de Saintes la dîme des terres cultivées de Champagne et des Ajots ; en 1119, Guillaume de Poitiers, malade d'une blessure reçue dans un combat près de Taillebourg, vendit à la même abbaye des terres entre Champagne et Pont-Labé ; en 1120, nouvelles acquisitions par l'abbaye. L'église, du xe siècle, eut plusieurs restaurations, dont la première est du xie (voûtes des 2 premières travées) ; la 2e, du xiiie (chœur). « C'est le plus gracieux monument de la contrée ; on y admire l'élégance de ses voûtes, la flexibilité de ses arceaux, l'harmonieux ensemble de ses massifs de piliers. » Vers 1749, le prieur vendit une vieille porte de ville située à l'entrée du bourg du côté du couchant et les restes d'une chapelle de Sainte-Catherine pour réparer l'église, c'est-à-dire pour boucher une magnifique porte romane située sur le côté de l'église et ouvrir sur le devant une porte sans caractère, qui cependant donne une magnifique vue d'ensemble. Pendant la révolution, on fêta particulièrement le 14 juillet : sur un autel, étaient placés une étole, un fer de charrue et une épée, symbolisant les trois ordres, avec cette légende : « Les trois ne font qu'un. »

Saint-Jean d'Angle (*Bulletin religieux*, t. x, p. 373, 7 février 1874) a un vieux château du XIIIe siècle avec douves, tours, vastes salles, sombres oubliettes, chemins de ronde, issues sans nombre, qui a joué un rôle par sa position à l'entrée du marais. En 1107, Fulcher était seigneur de Saint-Jean d'Angle. Il fut aussi possédé par Guichard d'Angle, dévoué aux Plantagenets ; en 1400, par Bouchard d'Aubeterre. Yolande d'Aubeterre le porta en dot (1404) aux Saint-Gelais-Lusignan ; des Lusignan il passa aux Verthamon qui le vendirent en 1785 au chevalier Isle de Bauchêne (Voir *Bulletin* de la société des Archives, IX, 253). En 1555, le château était au pouvoir des catholiques commandés par Puytaillé ; ils le laissèrent pour prendre Brouage; les réformés s'en emparèrent. Puytaillé revint et l'assiégea ; la garnison se défendit mollement, les habitants résistèrent ; il fut emporté d'assaut, mais le parti catholique perdit là le hardi capitaine Cader. En 1572, Lanoue le prit ; en 1575, ce fut le duc de Montpensier. En 1585, le capitaine Villetard l'abandonna à l'approche de Condé. L'église est vaste ; elle a succédé à une église romane dont on voit les restes. Les armes des Saint-Gelais s'y voient à la voûte. Le clocher (150 marches) est une masse du plus pur gothique ; il était destiné à recevoir une flèche, qu'il attend encore.

Saint-Jean d'Angle fut donné en 1047 à l'abbaye de Saintes. La paroisse (le dernier curé Creuzé avait juré et s'était retiré dans sa famille à Niort) resta sans prêtre jusqu'en 1805 où le culte fut rétabli légalement. Le curé desservait aussi Saint-Symphorien. La paroisse englobait Saint-Fort sur Brouage, encore ancienne paroisse, et Malaigre, qui avait une chapelle. Saint-Fort a vu son église renversée en 1832; il n'en reste que le caveau des Comminges, qui avaient acheté en 1621 la seigneurie de Daniel Queux, et où reposait Charles de Comminges, mort à Pignerol, époux de Marie de Guip, décédée à Saintes en 1653.

Pont-Labé, dont le nom est *Ponti labium*, bord de la mer, parce que la mer arrivait jusque-là (1) et formait les îles d'Exil (Échillais), de Monthéraud (Mons Herculis), concourait avec l'Isleau à défendre le *Portus Santonum*. La mer se retira vers le VIIIe siècle.

Dans les hautes falaises de la commune de Sainte-Radégonde sont plusieurs chambres creusées à 15 mètres d'élévation, qu'on nomme chambre de la reine ; c'est là que, fuyant Clotaire son époux,

---

(1) Il y a plusieurs Pont-Labé, où certainement jamais la mer n'est arrivée. On a aussi donné comme étymologie *Pont de l'abbé*, ce qui ne signifie pas grand'chose ; en effet, tous les Pont-Labé n'ont pas appartenu à un abbé ; le nôtre appartenait à l'*abbesse* de Notre-Dame de Saintes. Pont-Labé viendrait peut-être mieux de *Pont labé*, pont renversé ; vieux mot français dont la racine serait *labi*, *lapsus ;* donc *labé*.

sainte Radégonde se serait cachée. L'église de Pont-Labé fut donnée à Vendôme en 1040, cédée à Sainte-Marie de Saintes en 1047 par Geoffroy Martel et Agnès, sa femme. La châtellenie du prieuré de Pont-Labé comprenait divers prieurés : Saint-Sulpice, Sainte-Radégonde, Broussay, Beurlay, Nancras, Saint-Jean d'Angle, Saint-Michel de La Nuelle. En 1120, Agnès, prieure de Pont-Labé, reçoit la dîme des terres de Rogeiraz. En 1140, Louis le Jeune et Éléonore de Guienne, parcourant la Saintonge, ratifient les dons faits à l'abbaye de Saintes, notamment de Pont-Labé et de Corme, à la condition de faire enlever 300 charretées de terre dans la forêt pour faire la route entre ces deux bourgs. L'abbesse était seigneur de Pont-Labé et exerçait tous les droits féodaux : péage à l'entrée, foires, marché tous les vendredis ; deux deniers par maison avec jardin, un sans jardin ; trois jours de corvée pour un bœuf, pour un âne un jour, une obole pour charge d'âne, de vin ou de sel ; pour une fournée, un pain sur vingt; pour chaque laboureur à bœuf, une charretée de bois.

Pont-Labé passa avec la Saintonge aux Anglais. Oton de Brunswick le possédait en 1189 ; il parcourut ses possessions, séjourna à Pont-Labé, y signa la charte des privilèges de Sablonceaux. La seigneurie passa à Hugues le Brun, comte de La Marche, qui, en 1233, s'empara d'une maison appartenant aux religieuses, sous prétexte que ses piqueurs avaient l'habitude d'y faire reposer ses chiens; l'abbesse réclama, et l'assemblée des habitants constata ses droits. Louis IX vainqueur, pour gage de la fidélité de Hugues, garda nombre de fiefs, parmi eux Pont-Labé. Pont-Labé était entouré de murailles et de larges douves qui existent en partie ; il y avait 3 portes avec pont-levis : une seule est debout avec ouverture ogivale, 2 tours rasées au sommet. L'ancien château, habitation du gouverneur, du sénéchal, sert de presbytère. De la vaste maison des religieuses, il ne reste qu'un édifice mutilé. La façade, restaurée au XVIe siècle, a une tourelle à cul-de-lampe. Les fenêtres ont été bouchées pendant les guerres de religion et ont des meurtrières ; de ce côté était « le camp aux Anglais » : de là on pouvait battre les murailles de la ville.

L'église est un des plus admirables monuments que le XIIe siècle a légués à nos contrées. L'auteur le décrit minutieusement, et donne la liste des curés avec des notes sur chacun d'eux ; le dernier, Jean Bonneau, curé depuis 1782, jura, abdiqua et disparut. Pont-Labé comprend maintenant les paroisses de Saint-Michel, Saint-Thomas du Bois, Monthérault et le prieuré de La Chaume.

Saint-Aignan (XI, 107 ; 5 septembre 1874) et l'abbaye de Montierneuf, dont il reste une fuie splendide du XVIe siècle (p. 118); Saint-Martin des Lauriers et Notre-Dame des Épaux, deux paroisses réunies à Saint-Aignan, dont la première eut pour curé en 1788 Jacques Baril qui jura, se maria, fut receveur, puis professeur au collège de Rochefort, auteur de poésies latines et françaises, sont l'objet d'études particulières.

Saint-Symphorien et Broue (x, 553 ; 23 mai 1874). L'église, très curieux monument du xe siècle, a un portail remarquable ; elle est desservie par Saint-Jean d'Angle. Broue, qui a eu deux églises, dépend de Saint-Sornin ; l'église qui avait pour patrons saint Pierre et saint Eutrope, n'offre plus que quelques débris. Le dernier curé, Nicolas Dusouchet, jura et se retira à Richemont, près de Cognac. Des masures, une pauvre métairie, voilà tout ce qui reste de l'antique ville de Broue. Mais la haute et magnifique tour de Broue domine encore tout le marais.

Sur le territoire de Saint-Symphorien est Labadère, possédée par Jacques Desbrosses, seigneur de Labadère et des Ajots, officier chez le roi, qui jouit d'une grande influence pendant la révolution, et par René Caillé, le célèbre voyageur, qui est venu mourir là, maire de sa commune (Voir *Bulletin* de la société des Archives, XI, 313).

Trizay, p. 120, prieuré — on dit communément abbaye — dépendant de La Chaise-Dieu en Auvergne, comme Sainte-Gemme, a conservé une fort belle salle capitulaire et son église fort vaste où l'on retrouve des restes de peinture murale.

L'auteur a bien raison : Oui, « c'est un rude labeur de déchiffrer ces vieilles archives qui moisissent dans la poussière des mairies. Le papier s'émiette sous les doigts ; l'encre pâlie ne présente plus que des caractères indistincts ; les abréviations, les imperfections de l'écriture rendent la tâche presque impossible. » Mais comme on est dédommagé de ses peines, quand on peut découvrir un nom, un fait, signaler un trait de mœurs, rectifier une erreur, ajouter enfin quelque chose aux connaissances acquises ! Je suis sûr que l'historien a eu un grand plaisir, par exemple, à écrire ces lignes : « En parcourant les archives de ces différentes paroisses, on est fort étonné du grand nombre de signatures portées sur les registres. Nous en avons remarqué sur certains actes jusqu'à cinquante-cinq. Ceux qui en comptent vingt à trente ne sont pas rares, surtout dans le XVIIe siècle.' L'instruction était donc plus répandue qu'on ne le pense communément. »

IV

Bourcefranc. C'est une paroisse de 1,000 âmes, à 1 kilomètre 1/2 du Chaput, c'est-à-dire de la mer, comprise dans la commune de Marennes, à 3 kilomètres de cette ville. Elle est toute récente, ayant été érigée par l'intermédiaire de Boudinet, sous l'archiprêtre Frédéric Brassaud, curé de Marennes du 22 janvier 1843 au 2 août 1876. M. Valleau y arriva au mois de décembre 1874. Bien vite, il se concilia cette population de cultivateurs, de sauniers, d'ostréiculteurs et au Chaput de pêcheurs, pilotes et matelots, braves gens un peu rudes, mais reconnaissants des services qu'on leur rend, de l'affection qu'on leur témoigne. L'église, sans caractère architectural, est un monument du XVIIe siècle. C'est Mme de Maintenon qui l'a fait bâtir, dit une légende dont on a contesté avec raison l'authenticité. Voici une autre version qui paraît tout aussi apocryphe :

La pauvre Marie Mancini, reléguée à Brouage, tout près de Marennes, lorsque le jeune roi, sacrifiant son amour à la politique, partait pour épouser Marie-Thérèse d'Autriche, Marie Mancini, s'ennuyant dans cette forteresse, voulut visiter l'île d'Oleron. La mer était mauvaise, la traversée dangereuse. Retourner à Marennes était aussi difficile à cause des chemins. C'était un dimanche ; on n'arriverait pas pour l'office. Il fallait rester à la pointe du Chaput, attendant qu'il plût à Dieu de calmer la tempête ou au roi de faire réparer la route. Point d'église dans le voisinage, partant pas de messe. Émue de la situation où étaient les habitants, qu'elle voyait par elle-même, Marie Mancini demanda au roi de construire au moins une chapelle entre Marennes et Le Chaput ; et l'église de Bourcefranc s'éleva.

Je ne puis affirmer ou nier le fait; M. Valleau lui-même, malgré ses recherches, n'a pu rien trouver. Après lui, il faut s'incliner.

Ce que je sais, c'est que la cloche qui appelle les fidèles à la prière était la cloche — fondue en 1604 — de l'ancien temple protestant de Saint-Just. (*Bulletin des Archives*, v, 375). Je ne serais pas étonné d'apprendre qu'elle a été bâtie à l'époque de la révocation de l'édit de Nantes, lorsque Louis XIV usa de tout son pouvoir pour catholiciser ce pays, payant des maîtres d'écoles, envoyant des missionnaires, parmi lesquels Fénelon (1), et qu'on eut

1. Voir *Fénelon en Saintonge*, par A. Lételié.

l'idée, pour la meubler, de prendre la cloche de Saint-Just.

Il y avait, on l'a démolie en 1891, une autre chapelle, qui avait sans doute été construite en même temps que le fort du Chaput (1696), *arx caputiana.* On ne croyait pas alors que, parce qu'ils étaient soldats et préposés à la garde d'un fortin, isolés, perdus sur la côte saintongeaise, des Français, des chrétiens, dussent être aussi privés de tout secours religieux. Il n'est pas à croire que l'édicule du Chaput ait été bâti avant le fort. L'un a donné naissance à l'autre.

Tout en cherchant à embellir, à décorer sa pauvre église, tout en remplissant avec conscience ses obligations de prêtre, M. Valleau trouvait le temps d'étudier. L'étude est une occupation excellente et une distraction utile. Que peut faire un curé dans une paroisse rurale de cinq ou six cents âmes ? Quand il a consciencieusement rempli ses devoirs d'état, il y a encore de longues heures dans la journée. A quoi peut-il les employer mieux qu'à travailler? L'un est géologue, botaniste, archéologue ; l'autre, historien. Il n'est si mince bourgade qui n'ait son passé, partant son histoire. Il s'agit de la découvrir, dirais-je de l'inventer ? C'est là surtout que le mot est vrai : Cherchez et vous trouverez. Elle est dans les souvenirs ; elle est dans les vieux papiers, archives des mairies, minutes de notaire, registres d'état civil.

Et le curé qui lit les vieux grimoires, qui sait beaucoup de choses de l'ancien temps, inspire encore plus de respect et de confiance, et il peut faire servir ses connaissances à son ministère. Les paroissiens sont fiers de leur pasteur qui est savant. Un curé a appris à ses paroissiens le chemin de l'église, ignoré depuis un siècle, par son talent à jouer de la flûte.

M. Valleau publia dans le *Bulletin religieux*, t. XIII, 238, 254, 265, des *Notes sur l'histoire religieuse de Marennes* (1). Le titre dit assez le sujet ; ouvrages imprimés, surtout manuscrits, il a tout consulté : greffe et sacristie, mairie et presbytère. De là des détails fort curieux, des faits inédits. Il trouvait là le protestantisme et Fénelon ; il montrait les efforts des missionnaires. La Tremblade, où Fénelon n'avait vu qu'une famille catholique, était à moitié convertie à l'église romaine ; et à Marennes, les protestants devenaient minorité. Puis ce sont les constructions d'églises, les cures et les couvents, les démêlés de l'abbesse de Saintes avec les seigneurs, parmi eux les Richelieu, page précieuse des annales de ce pays.

En même temps il publiait (XIV, 450, 457, 494,

(1) Dans le t. III, p. 81 (1887) du *Recueil* de la commission des arts, il a analysé un registre de la fabrique de Marennes, où l'on voit les divers incidents auxquels donna lieu la reconstruction de l'église de Marennes aux XVIIe et XVIIIe siècles.

505, 519, 565) la biographie d'un curé de Pons, Guillaume Ferret, né à Dolus en 1750, mort à Pons en 1833, qui avait vu la révolution et avait été déporté en Espagne. Des documents importants mis à sa disposition lui avaient permis de constituer la vie d'un confesseur de la foi, et de donner de nombreux détails sur les prêtres de Saintonge qui avaient franchi les Pyrénées pour rester fidèles à leur foi, et sur l'évêque de La Rochelle, Jean-Charles de Coucy. Pressentait-il qu'il allait bientôt être à Saint-Martin un des successeurs de Ferret ?

Les *Origines du diocèse de La Rochelle,* créé en 1648, ont été encore le sujet d'un mémoire publié par le même *Bulletin*, XIV, 244, 279.

Tous ces travaux, tous ces mémoires, toutes ces recherches sont restés enfouis dans la feuille diocésaine, recueil spécial qui s'adresse à un public restreint. Où est la collection complète du *Bulletin religieux*, qui date du mois de juin 1864 ? C'est pourtant là qu'il faut aller les chercher. Sa modestie ne lui a pas permis de les réunir en brochure ; il ne pensait pas que ces feuilles, écrites dans un presbytère de village, loin des grandes bibliothèques, avec les seules ressources locales, valussent la peine d'être recueillies. Il lui suffisait que quelques amateurs les lussent et quelques âmes s'en édifiassent. Ils méritaient mieux.

V

Quatre ans passés à Bourcefranc au grand profit de la population, ses travaux et ses recherches historiques, avaient attiré sur lui l'attention de Mgr Thomas. Forget, curé à Saint-Martin de Pons depuis 1867, venait de mourir, le 18 mars 1879. L'évêque avait besoin d'un homme sage, prudent, modéré, pour un poste assez difficile. Il choisit M. Valleau au mois d'avril. Le nouveau curé-doyen revenait à Pons, près de ce séminaire où il avait été écolier et professeur. Les bons souvenirs laissés par l'élève et le maître ne furent pas étrangers à l'accueil qu'il reçut. Il justifia amplement les prévisions de son évêque. J'ai dit que ses relations antérieures avec le sénateur maire de Pons facilitaient sa tâche. Sa réputation d'érudit ne lui fut pas non plus inutile. Son habileté, son savoir-faire, sa modestie, firent le reste. Aussi, à la nouvelle de sa promotion à l'évêché, Pons lui offrit sa croix pectorale, pendant que l'association amicale des anciens élèves de l'institution lui faisait don de la mitre précieuse.

Pons est une ville à laquelle les savants donnent pour fondateur Aëtius Pontius, neveu du grand Pompée. Ceux qui ne sont pas savants, voyant le mot *Pontes, de Pontibus*, en ont conclu que la ville tirait son nom des nombreux ponts qui se trouvent là sur les divers bras de la Seugne. Ville fort ancienne, jadis très importante à cause de son château-fort qui commandait tout le pays de Saintes à Royan, et aussi par ses seigneurs, les Pons, une des grandes familles féodales. Il y avait là un vaste champ d'exploration, et aussi plus de richesses archiviques. Mais les occupations absorbantes du ministère dans une ville de 5,000 habitants lui laissaient moins de loisirs qu'à Champagne et à Bourcefranc. Pourtant il s'occupa de l'histoire des divers couvents de la ville, particulièrement des Récollets qui jouèrent un grand rôle au XVIIIe siècle dans les conversions des calvinistes fort nombreux à Pons (1). L'auteur a raconté notamment que, pendant les trois jours qui

(1) *Recueil de la commission des arts de la Charente-Inférieure*, t. IX (1888), *Les Récollets de Pons*, p. 115-132. Le même *Recueil* contient encore, t. VII, p. 381, une page sur le couvent des Frères Prêcheurs, à Pons.

Dans le t. VIII (1886), p. 23, il imprime une lettre des habitants de Pons au roi (1580) pour lui demander la nomination d'un gouverneur « agréable au peuple », et une sauvegarde (1581) du roi de Navarre pour la ville ; et, page 139, l'inscription des deux cloches de Saint-Martin de Pons.

précédèrent l'Assomption (1633), quinze pères récollets prêchèrent dans les carrefours et sur la place de la ville. Dans leur chapelle, cinq prédicateurs se firent entendre chaque jour. Raymond de Montaigne, président et lieutenant général en Saintonge, fit l'ouverture de ces exercices. Despruets, chanoine de Saintes, y combattit l'hérésie par sa parole. La ville de Saintes y vint en procession, sous la conduite du doyen du chapitre ; le corps de justice y rejoignit son chef. Cognac, Rioux, Taillebourg y accoururent. Raymond de Montaigne y célébra sa première messe. Il y avait pour ouïr cette messe « plus de 50 mille personnes » ; et pendant ces trois jours cent mille arrivèrent à Pons, de la Gascogne, de l'Angoumois et du Poitou. 58 protestants se convertirent.

C'est à Pons que M. Valleau découvrit une correspondance de Mme de Maintenon, et des lettres de plusieurs grands personnages, qu'une famille gardait sévèrement, pommes d'or du jardin des Hespérides. M. Valleau, par sa bonne grâce, amadoua la sévérité des possesseurs ; il put en avoir communication ; et vite il s'empressa de les publier dans le t. IX des *Archives historiques de la Saintonge et de l'Aunis*, d'où son collaborateur les tira pour en faire une brochure (1).

(1) *Un paquet de lettres*, 1576-1672. Henri IV, Henri de Condé comte de Soissons, le maréchal d'Albret, Turenne, duc de Bouil-

Cette correspondance a une certaine importance, parce qu'elle se rapporte à une époque de la vie de Mme de Maintenon, sur laquelle les historiens sont absolument muets. Elle était veuve de Scarron et n'était pas encore l'épouse de Louis XIV, années intermédiaires entre la faveur de la cour et la médiocrité de la maison du poète du *Virgile travesti*, époque difficile où la jeune femme, belle, spirituelle, était exposée à toutes les séductions, et aussi à toutes les tentations de la pauvreté. Nous la voyons à l'hôtel Richelieu, à l'hôtel d'Albret, reçue partout, respectée de tous, par la dignité de sa vie réduisant au silence la malignité et éloignant les flatteries intéressées. Ses lettres, adressées toutes au gouverneur de Guyenne, le maréchal d'Albret, montrent quelle était son existence ; on apprend par elle une foule de détails sur la cour, sur le monde, sur les uns et sur les autres, bruits de ville, commérages de salons, qui font songer à l'inimitable Sévigné.

Ces lettres ont paru si importantes que M. Gefroy, directeur de l'école française de Rome et membre de l'institut, en a reproduit plusieurs dans son ouvrage, *Madame de Maintenon d'après sa correspondance authentique* (2 volumes ; 1887).

---

lon, Mme de Maintenon, Ninon de L'Enclos, par M. Louis Audiat et M. l'abbé Valleau ; 1887, in-8°.

Léon Bonnet, curé-archiprêtre de Saintes, était mort le 19 novembre 1885. Vicaire à Saint-Pierre le 1er janvier 1832, il y avait succédé en 1855 comme curé à Pierre-Étienne Réveillaud, qui avait subi l'exil en Espagne à la révolution ; pendant son pastorat de 53 ans, il avait, par son aménité, sa bonté, sa douceur, gagné l'affection de ses paroissiens, l'estime et la vénération de la ville entière. *Summa in egenos largitas, grata in omnes mansuetudo,* dit son épitaphe. M. Birot, dont la paroisse Saint-Nicolas à La Rochelle venait d'être supprimée en même temps que celle de Saint-Jean, n'avait fait que passer à Saint-Pierre, forcé par l'âge et la santé de se démettre (20 novembre 1887). M. Valleau vint succéder (30 novembre 1887) à son vieux maître de philosophie et à Bonnet, qui laissait d'universels regrets.

Le fardeau d'une telle succession n'était pas au-dessus de ses forces. Faisant le bien sans fracas, agissant sans tumulte, uniquement occupé de son église et des fidèles, administrant avec prudence, il acquit promptement la confiance et se fit aimer. Dans la décoration de la cathédrale, il montra son goût de savant. D'abord un vaste tableau rappela la succession des évêques de Saintes depuis saint Eutrope au 1er siècle jusqu'à Pierre-Louis de La Rochefoucauld, massacré aux Carmes pour la foi, en 1792 ; un autre, les souvenirs principaux qui s'y rattachent, les conciles, les visites des souverains et des papes, l'origine de l'*Angelus*, etc., véritable *Livre d'or* de la paroisse devenue insigne basilique en 1870 (1).

Pour préciser encore mieux l'un des faits les plus importants de nos annales, il voulut une image, vivante et parlante pour ainsi dire. Saint-Pierre de Saintes, comme on le lit dans une bulle du pape Nicolas V, est la seconde dans l'univers dédiée au prince des apôtres : *Secunda in toto orbe sub honore dicti principis apostolorum* ; il fallait particulièrement rappeler cet événement. Le curé plaça une statue colossale de saint Pierre, reproduction de celle de la basilique vaticane. Cette statue fut bénite et indulgenciée le 24 janvier, dans une grande solennité que présida l'évêque de La Rochelle.

Le premier évêque de Saintes, martyr, avait son temple, et son culte répandu dans toute la France (2). La Rochefoucauld, le dernier, martyr comme lui, n'avait pas son nom dans sa cathédrale ; c'était une honte. Il y avait longtemps que le désir de voir réparer cet oubli avait été exprimé (3), et Mgr

---

(1) Voir *Saint-Pierre de Saintes, cathédrale et insigne basilique*. Saintes, 1871, in-8°.

(2) Voir *Saint Eutrope dans l'histoire, la légende et l'archéologie*, principalement aux chapitres XI et XII.

(3) « N'y a-t-il pas dans ces deux morts d'Eutrope et de La Rochefoucauld des ressemblances frappantes ! Un jour viendra où le dernier aussi aura son monument, plus tard son culte. Seule, jusqu'à présent, dans tout son diocèse qui devrait être

Thomas en avait eu le projet ; il aurait fait le monument de La Rochefoucauld à Saintes, comme il a fait celui de Jeanne d'Arc à Rouen (1). M. Valleau profita de l'occasion du centenaire (1792-1892). Il fit sculpter un beau médaillon et au-dessous inscrivit :

A LA MÉMOIRE DE P.-L. DE LA ROCHEFOUCAULD-BAYERS, DERNIER ÉVÊQUE DE SAINTES, MASSACRÉ AUX CARMES, A PARIS, LE 2 SEPTEMBRE 1792, MARTYR DE LA RELIGION ET DE L'AMOUR FRATERNEL.

Mais, toujours prudent, et craignant qu'on ne vît une protestation dans un acte pieux, il ne voulut donner aucune solennité, et la pose eut lieu sans publicité. La Rochefoucauld avait un souvenir dans sa cathédrale ; et Saintes qui s'était laissée devancer par deux bourgades, Écurat et Crazannes, rendait enfin hommage au martyr des Carmes.

La dignité de chanoine honoraire (mars 1888)

---

fier du martyr, la vieille église de Sainte-Madeleine de Crazannes conserve et montre son nom, et Écurat a mis son portrait dans un vitrail. Sa cathédrale verra se réaliser une noble pensée et édifiera un souvenir à son dernier évêque... En attendant, saluons d'un hommage et d'une prière le martyr des Carmes, *pro fide catholica necato.* » Voir *Saint Eutrope dans l'histoire*, page 453.

(1) *Les fêtes du 30 juin 1892. L'inauguration du monument de Jeanne d'Arc à Bonsecours.* Rouen, Caignard, 1892, in-4°.

qui lui fut accordée par Mgr Ardin, récompensa ses efforts et son zèle. Plus tard (14 avril 1891), l'évêque ajouta à son titre de doyen de Saint-Pierre celui de doyen de Saint-Eutrope qu'il ôtait au titulaire, à la suite de scènes douloureuses dont le souvenir n'est pas près de s'effacer. « Tous, disent les *Annales catholiques* du 30, rendirent justice à l'attitude énergique et à la conduite prudente dont il ne se départit pas un seul instant dans les jours critiques où la disparition — lisez : l'expulsion — de deux communautés religieuses (lazaristes et sœurs de charité) et les difficultés qui en furent les conséquences, vinrent jeter le trouble dans les consciences catholiques. »

VI

Le décret du 26 novembre qui nommait l'archiprêtre de Saintes évêque de Quimper fut bien accueilli de la population qui voyait un prêtre pieux, discret et bon, arriver sans intrigues, par son seul mérite, aux honneurs de l'épiscopat. La paroisse de Saint-Pierre se distingua par son empressement : elle lui offrit une crosse, belle œuvre d'orfévrerie qui sort des ateliers de M. Le Roux. Au-dessus du nœud reposent quatre charmantes statuettes de saints saintongeais : saint Eutrope, saint Vivien, saint Pallais, sainte Eustelle. Diverses personnes lui firent des dons comme preuves de sympathie. Et de son nouveau diocèse lui arrivait bien vite un témoignage de déférence, qui lui fut très sensible. A la séance du 29 décembre, que présidait M. le vicomte Hersart de La Villemarqué, la société archéologique du Finistère, connaissant ses travaux et qu'il faisait partie de plusieurs académies, sur la proposition de M. le comte Anatole de Bremond d'Ars, nomma à l'unanimité M. Valleau président d'honneur.

Un membre de la fabrique de Saint-Pierre, jadis conseiller de préfecture du Finistère, M. le baron Oudet, se faisait l'éloquent interprète des sentiments de tous dans ce toast, dont nous avons transcrit le commencement :

« Lorsque, il y a un demi-siècle, du rivage de l'île de Ré, du haut de la barbette de Saint-Martin, peut-être, vous laissiez errer vos regards d'enfant sur l'immensité de l'océan, et que la grandeur de ce spectacle, la plus saisissante révélation de l'infini que nous offre la nature, éveillait déjà dans votre âme ce sentiment profond de l'idéal, ce sens délicat de la poésie et de l'art que vous avez toujours conservé et heureusement cultivé; lorsque, suivant de l'œil la côte de la Vendée, vous la voyiez fuir au loin vers le nord, disparaître à l'horizon et se confondre avec les flots, déjà vous saviez que plus loin, dans la même direction, surgissait du sein de l'océan une autre terre, terre de marins et de pêcheurs elle aussi, dont les barques, à la proue élevée et aux voiles rouges, comme au temps de César, visitaient de temps à autre le port de Saint-Martin. Mais combien vous étiez loin de pressentir quels liens vous rattacheraient un jour à ce pays, d'entrevoir cette destinée que Dieu vous réservait et qui ferait de vous, cinquante ans plus tard, le chef religieux, l'évêque de la partie occidentale de cette vaste province, de ces pays de Cornouaille et de Léon qu'entourent de hautes falaises à l'aspect sévère et menaçant, de cette « terre de granit recouverte de chênes », comme parle le poète Brizeux, de cette terre d'Arvor qui enfonce ses pointes de rocher au loin dans la mer comme pour braver sa colère, qui se dresse comme un rempart, comme une digue inébranlable, et protège contre les fureurs de l'Atlantique le continent européen ! Contrée poétique entre toutes, d'une poésie particulière, il est vrai, le plus souvent austère et mélancolique, mais toute remplie d'un charme pénétrant et dont on ne peut se déprendre quand on l'a une fois goûté.

» Poésie de l'art à côté de celle de la nature, depuis la masse informe de la pierre druidique jusqu'aux plus délicates nervures de la flore architecturale du XIIIe siècle, jusqu'à ces œuvres de statuaire : ces calvaires, ces descentes de croix, ces mises au tombeau, ces statues de saints d'un sentiment si profond, d'une expression si intense, œuvres d'artistes inconnus de ces trois derniers siècles, dont la haute valeur religieuse et artistique, longtemps méconnue, a été mise en lumière par le plus illustre de vos prédécesseurs sur le siège de Quimper en ce siècle, Mgr Graverand, de sainte mémoire ! Poésie de l'histoire aussi et des traditions légendaires conservée, comme en un vase d'or, dans d'admirables chants populaires ; poésie des coutumes antiques et des costumes pittoresques fidèlement conservés ! Mais alors, monseigneur, toutes ces choses étaient encore ignorées de vous, et, pour votre imagination d'enfant, cette terre lointaine dont cent lieues de mer vous séparaient, était sans doute aussi indifférente qu'inconnue. Bien autres seront vos sentiments lorsque bientôt vous parcourrez les côtes méridionales de votre admirable diocèse, ce littoral privilégié, en dépit des tempêtes du sud-ouest dont rien n'amortit la violence et qui viennent y déployer leurs magnificences les plus terribles, ce littoral privilégié que caresse en l'échauffant le courant du golfe, où les brises sont toujours tièdes, où les plantes que nous protégeons avec le plus de soin contre l'hiver, les camélias, les rhododendrons chargés de fleurs, s'élèvent aux dimensions des arbres de moyenne taille, où la forêt de chênes, verte et touffue, descend jusqu'au bord même de l'océan ; oh ! alors il ne se pourra pas, malgré l'attrait de ce beau paysage, que vos yeux et votre cœur ne se portent parfois dans une direction opposée et ne cherchent au loin vers le sud le rivage de l'île de Ré, où Dieu vous appela à la vie, où s'écoulèrent vos premières années. Autour de ces souvenirs si doux et si précieux pour vous, d'autres viendront se grouper, les souvenirs qui se rattachent à toutes les étapes de votre carrière sacerdotale si bien remplie ; et tous ensemble, comme un aimant puissant, auront sans doute la force de vous arracher quelquefois aux charmes de votre nouvelle patrie et de vous ramener pour un peu de temps parmi nous, bien assuré que vous êtes d'y retrouver toujours, nullement affaiblis par la séparation ni par le temps, les sentiments de haute estime et d'affectueux respect dont vous êtes si légitimement entouré. »

Et le prélat répondait, en remerciant aussi son hôte, M. l'abbé Jean, supérieur de l'institution où avait lieu la fête : « Je vous remercie, monsieur, de m'avoir en ce moment rappelé tant de doux souvenirs de ma première enfance. Oui ! ces bons Bretons, j'ai su dès mon premier âge apprécier leur cœur dévoué. Souvent je les ai vus sur les côtes de l'île de Ré, dans ce port de Saint-Martin, où je passais mes premières vacances, et plus d'un mousse breton, mon camarade d'alors, est devenu, sans doute, capitaine aujourd'hui. C'est avec joie et dévouement que je vais dans ce beau pays de l'Armorique, et dès maintenant, sans oublier mes amis de Saintonge, je lui donne mon dévouement et mes forces.

» Je remercie aussi monsieur le supérieur, qui nous a entourés, dans cette circonstance, de tant de cœurs sympathiques. On vous reproche, cher supérieur, d'être téméraire dans vos entreprises. Cela prouve que vous voyez grand et haut. Demandez à l'architecte, ici présent, de la gracieuse chapelle bénite ce matin, ce qu'il en est des justes proportions. Tel sujet sculpté avec art produit au loin un merveilleux effet, qui de près ne supporterait pas la vue. Ainsi, monsieur le supérieur, pour faire quelque chose de grand, il faut être téméraire, faire trop grand sous peine de rester terre à terre et de manquer de proportions. Du reste, la réussite si complète de vote première œuvre, du Carmel, est un gage assuré de la réussite de votre seconde œuvre, La Pinellerie. »

L'évêque qui présidait, ajoutait : « Vous avez su obéir, monseigneur ; vous saurez commander. »

VII

Le diocèse de Saintes, qui, avant 1648, comprenait la Saintonge et l'Aunis, et jusqu'à la révolution une partie considérable de l'Angoumois, a fourni à l'église un nombre notable d'évêques, d'archevêques et cardinaux qui lui ont appartenu par la naissance, le séjour ou les fonctions. Parmi les cardinaux, originaires de la Saintonge, on compte : En 1227, Raymond de Pons, évêque de Périgueux ; en 1255, son neveu, Ponce de Pons, évêque de Saintes ; en 1315, Simon d'Archiac, doyen du chapitre de Saintes ; en 1327, Imbert de Pons ; en 1460, Geoffroy de Pons, évêque d'Angoulême ; en 1499, Raymond Péraud, de Marencennes, près de Surgères, légat du Saint-Siège, évêque de Viterbe et de Saintes; puis ceux qui furent évêques de Saintes : Étienne de La Garde en 1342 ; Gaillard du Puy en 1351 ; François Soderini en 1512 ; Charles de Bourbon, le Charles X de la Ligue ; Clément Villecourt, évêque de La Rochelle et Saintes (1835-1855), mort à Rome en 1867 ; Mgr Thomas, évêque de La Rochelle et

Saintes (1867-1883), cardinal le 16 janvier 1892 ; puis un archidiacre de Saintonge, Bernard d'Albi, l'ami de Pétrarque, en 1341.

Parmi les archevêques et les évêques, et pour ne remonter guère au-delà de deux siècles, rappelons : Bernard Despruets, d'une famille béarnaise, à 27 ans chanoine de Saintes, aumônier et visiteur de l'abbaye de Notre-Dame, qui fut nommé en 1636 évêque de Saint-Papoul; Esprit Fléchier, abbé de Baigne, fut évêque de Nîmes (1687-1710) ; Jean-Antoine de Brancas, aumônier du roi, nommé évêque de La Rochelle en août 1725, fut transféré à l'archevêché d'Aix en juin 1729; Simon-Pierre de Lacoré, doyen de Saintes, succéda en 1744 à Léon de Beaumont dont il avait été vicaire général ; Étienne-Antoine Boulogne, abbé de Tonnay-Charente en 1788, fut nommé évêque de Troyes en 1808; Jean-Charles de Coucy, nommé à La Rochelle en 1789, fut archevêque de Reims en 1821; Jean-Siffrein Maury, abbé de La Frenade, fut cardinal, évêque de Montefiascone en 1794, archevêque de Paris en 1810; Joseph Bernet, évêque de La Rochelle en 1827, fut archevêque d'Aix le 6 octobre 1835; Louis-Théophile Pallu du Parc, supérieur du grand séminaire de La Rochelle et vicaire général, fut nommé à l'évêché de Blois en 1850; Jacquemet, évêque de Nantes (1849-69) et Gazailhan, évêque de Vannes (1863-65), avaient fait leurs études au petit séminaire de Saint-Jean d'Angély, et Mgr Fallières, évêque de Saint-Brieuc, à Pons ; François-Anne-Thomas Landriot, évêque de La Rochelle et Saintes (1856-1867), devint archevêque de Reims le 30 décembre 1867 ; Mgr Cortet, vicaire général de La Rochelle, évêque de Troyes le 3 août 1875 ; Mgr Étienne Ardin, évêque de La Rochelle et Saintes en 1884, a été promu à l'archevêché de Sens en avril 1892.

Parmi ces hauts dignitaires de l'église qui ont vu le jour en Saintonge-Aunis, outre les Pons, les d'Archiac et Péraud déjà cités, il faut mentionner : Seguin d'Authon, chanoine et archidiacre de Saintes, nommé par le roi archevêque de Tours en 1379 et patriarche d'Antioche par le pape peu après (1); Octovien de Saint-Gelais, né à Cognac, dans le diocèse de Saintes, poète, évêque d'Angoulême (1466-1502); Léon de Beaumont, né au château de Gibaud en Saintonge, neveu de Fénelon, et évêque de Saintes en 1718; Marc-Antoine de Noé, né en 1724 au château de La Grimaudière, paroisse de Sainte-Soulle, près de La Rochelle, évêque de Lescar en 1763, de Troyes en 1802 ; Jacques-Antoine-Charles-Marie Boudinet, né à Saint-Rogatien, près de La

---

(1) Voir pour les détails sur ces divers personnages, *Saint-Pierre de Saintes*: pour Seguin d'Authon, p. 136, où est transcrit son testament par lequel il demande à être inhumé à Saint-Pierre.

Rochelle, en 1806 (1), supérieur du séminaire de Pons (1837-1856), évêque d'Amiens (1856-1873) ; Mgr Fulbert Petit, né à Saint-Fort sur Gironde en 1832, vicaire général à La Rochelle, nommé au Puy en Velay le 16 avril 1887. Mgr Valleau, espérons-le, ne sera pas le dernier.

Sera-t-il le premier sacré à Saintes ?

Je ne parle pas des temps primitifs de l'église où saint Vivien, comte de Saintes (vᵉ siècle), fut élu évêque par le peuple, ainsi que saint Trojan (453), et furent certainement sacrés à Saintes. Il est vraisemblable aussi que quelques uns des évêques, issus de familles saintongeaises : Guy d'Archiac, Seguin d'Authon, puis les quatre Pons, Pierre de Soubise, archidiacre d'Aunis, prieur de Soubise, évêque de Saintes (1167) ; ou même quelqu'un des trois Rochechouart-Mortemart, Guy, Louis et Pierre, qui se sont succédé de 1424 à 1503, ont été sacrés dans la ville épiscopale. Qui le sait ?

Ce qu'il y a de sûr, c'est que les évêques de Saintes au XVIIᵉ et au XVIIIᵉ siècle, tous sauf un, Raoul de La Guibourgère (janvier 1632), sénéchal et maire de Nantes, ont reçu l'onction épiscopale à Paris. On aurait pu croire que Simon-

(1) Voir notice par M. l'abbé Birot, dans le *Bulletin religieux*, t. IX, p. 495.

Pierre de Lacoré (1), visiteur des Carmélites, abbé de Madion, de Bénévent, chanoine, puis doyen du chapitre de Saintes, vicaire général de Léon de Beaumont et choisi pour lui succéder, le 5 février 1745, aurait voulu recevoir sa nouvelle dignité là où il avait exercé ses fonctions, dans ce diocèse, dans la cathédrale de Saintes. Il n'en est rien. La *Notice sur les évêques de Saintes*, de l'abbé Théodore Grasilier, dit bien « sacré le 17 septembre 1745 » sans ajouter où ; mais le *Rituel* de Bernet — qui, il est vrai, n'est pas toujours exact d'erreurs — écrit nettement « sacré à Paris ».

Cependant la ville de Saintes, sinon la cathédrale, a vu deux consécrations, et toutes deux faites par Michel Raoul, évêque de Saintes en 1618. La première est celle d'un archevêque de Bourges, qui n'appartenait par aucun lien au diocèse de Saintes. Roland Hébert, aumônier de Henri II de Bourbon, prince de Condé, pendant qu'il était renfermé à Vincennes (1617-1619), fut, à la prière de ce prince, nommé par le roi archevêque de Bourges à la place d'André de Fremiot. Il vint prêter serment à Louis XIII qui assiégeait Saint-Jean d'Angély. C'est assurément à cette coïncidence tout-à-fait fortuite, peut-être à une liaison antérieure avec l'évêque diocésain, qu'il choi-

(1) Né à Paris le 2 juin 1691, mort d'apoplexie en son château du Douhet le 5 septembre 1762.

sit Saintes. La cérémonie eut lieu le 16 mai 1622. Les prélats assistants étaient Guy Champion, évêque et comte de Tréguier, et Pierre Scarron, évêque et prince de Grenoble. Mais le *Gallia christiana*, II, col. 105, ne dit pas si ce fut à Saint-Pierre ; c'est très probable, presque certain. Le second sacre fut celui d'un petit-neveu de l'auteur des *Essais*, Raymond de Montaigne, « prêtre du diocèse de Bordeaux » (1). Il avait été marié avant d'entrer dans les ordres ; il était devenu président lieutenant général en la sénéchaussée et présidial de Saintes (1606) et abbé de Sablonceaux (1624). Nommé par le roi en 1629 évêque de Bayonne, il demanda à l'évêque de Saintes, Michel Raoul, à ceux de Mirepoix, Louis de Nogaret, et de Maillezais, Henri de Béthune, de le sacrer le 14 juillet 1630. Mais la cérémonie se fit non à la cathédrale, mais dans la chapelle des Récollets, où il avait déjà choisi sa sépulture et fait construire un caveau dans lequel il repose.

Se fit-elle ?

Le 14 juillet 1630, jour fixé, Montaigne déclare pardevant Verjat, notaire royal à Saintes, que, la veille, les deux évêques assistants, Nogaret et Béthune, lui ayant exposé qu'il devait publiquement, à

---

(1) La *Notice sur les évêques de Saintes*, par l'abbé Théodore Grasilier, l'appelle « Raymond de Mortagne », et le fait « évêque de Bayeux ».

la messe du sacre, jurer solennellement sur les saints évangiles de se défaire de sa charge de président et « de n'entrer au palais pour quelque cause que ce fût », lui, estimant ce serment public injurieux, et s'offrant seulement de leur promettre de se démettre au moment propice, les prélats avaient insisté énergiquement, et Maillezais même avait demandé son carrosse à 1 heure du matin pour partir. Alors, afin d'éviter un scandale, Montaigne avait promis de faire ce qu'on voulait ; mais il protestait que c'était par violence, contre son gré et volonté, et qu'il ne se croirait pas tenu de respecter un serment imposé par force, s'en remettant du reste au roi, au pape, aux prélats de France, pour décider s'il devait se démettre. (*Raymond de Montaigne*, par M. Dangibeaud, p. 30).

Si le *Gallia* ne constatait pas formellement le fait du sacre, on en pourrait encore douter. La cérémonie eut donc lieu ; or, comme si tout dans cette affaire devait être étrange, voici que M. Valleau, faisant l'histoire du couvent des Récollets de Pons, raconte : « La peste dépeupla la ville de Pons en 1631... Dès que l'épidémie eut disparu, les Récollets reprirent leur travail de conversion... Une petite brochure, imprimée à Saintes en 1633, nous a conservé le récit enthousiaste des fêtes qui eurent lieu à cette époque », c'est-à-dire en 1633 ou 1632. Cinq prédicateurs se firent entendre chaque jour. « M. de

Montaigne, président et lieutenant général de Xaintonge, fit l'ouverture » des exercices... Le jour de l'Assomption, le président Montaigne dit sa première messe dans l'église des Récollets; il communia « les religieux et un grand nombre d'autres personnes, et entre icelles monsieur le baron son fils... après la messe, il présidait la procession du Saint-Sacrement. »

Il y a un écart trop grand entre son sacre (14 juillet 1630) et sa première messe (16 avril 1632 ou 1633) (1).

---

(1) Reste à savoir comment Montaigne, sacré le 14 juillet 1630, chante sa première messe à Pons le 15 août 1632 ou 1633 ; comment le récit le qualifie lieutenant général à Saintes, et non pas évêque de Bayonne. M. Valleau ne s'est pas trompé; il a reproduit textuellement les termes du « *Récit véritable des processions générales faictes en la ville de Pons en Xaintonge au mois d'aoust dernier, ensemble la conversion de cinquante-huit de la religion prétendue réformée*, imprimé à Saintes par J.-B. Bichon, Imprimeur ordinaire du Roy. MDCXXXIII. » La date de l'impression de la plaquette n'est-elle pas celle des processions et de la cérémonie ? A-t-on différé trois ans le compte rendu ? Alors comment expliquer cet écart entre le 14 juillet et le 15 août ? L'évêque a-t-il attendu un mois pour dire sa première messe épiscopale ?

D'autre part, Raymond de Montaigne était prêtre en 1624, quand il prit possession de l'abbaye de Sablonceaux ; en 1622, le 2 juillet, il avait prêché au collège de Saintes pour le triduum de la canonisation de saint Ignace de Loyola (Voir *Notice sur le collège de Saintes*). Il n'y a qu'un moyen de tout concilier, c'est de changer la date des processions, *1622* au lieu de *1632 :* car il n'est pas possible de lire « *la* première messe » : il y a *sa*.

Quoiqu'il en soit de ce petit problème chronologique, le sacre du 5 mars 1893 sera sûrement le second, peut-être le premier, que verra la cathédrale actuelle de Saintes, et Mgr Valleau sera le premier curé de Saint-Pierre qui y recevra la consécration épiscopale.

L'archevêque de Sens sera le prélat consécrateur, et ses assistants : Mgr Fulbert Petit et le R. P. franciscain Potron, évêque *in partibus* de Jéricho, qui a fait cette année les fonctions épiscopales dans le diocèse de Quimper et Léon. Par là, le nouvel évêque a voulu réunir pour ainsi dire les deux diocèses qui lui sont chers, La Rochelle-Saintes et Quimper (1). Ses armes reproduisent la même pensée :

D'azur à une barque d'argent voguant sur une mer démontée de sinople, accompagné à dextre d'une étoile d'or rayonnante du même sur la barque; à un canton senestre d'argent semé d'hermines de sable. L'hermine est un hommage à la Bretagne. La barque et l'étoile, qui répètent un peu les armes que s'est données la ville de Marennes, sont un souvenir de l'île natale, de

(1) Je vois un chanoine de Saintes qui, lui aussi, a tenu à rapprocher ces souvenirs. Henri de Suberville signait : « Breton-Béarnais, chanoine en l'église cathédrale de Saint-Pierre de Xaintes, avocat en la cour du parlement de Bourdeaux », sur son livre l'*Henry-mètre*, l'épître dédicatoire à Henri IV en 1598, « De vostre ville de Kimper-Corentin. »

l'île d'Oleron, de la côte saintongeaise où il a exercé le ministère pastoral.

La devise est: IN TE DOMINE SPERAVI.

*
* *

« Le diocèse de Quimper et Léon, dit le *Bulletin religieux du diocèse de La Rochelle*, du 3 décembre, trouvera dans son nouvel évêque un homme sachant parler et écrire, un esprit calme et pondéré, affable, modeste et conciliant. Nous ne doutons pas que ces qualités, si précieuses chez un administrateur, ne lui gagnent bientôt les cœurs de ses catholiques Bretons. »

IMPRIMÉ

Sur les presses de Noel Texier,

Typographe a La Rochelle

1893.

www.ingramcontent.com/pod-product-compliance
Ingram Content Group UK Ltd.
Pitfield, Milton Keynes, MK11 3LW, UK
UKHW021020180726
13838UKWH00004B/1591